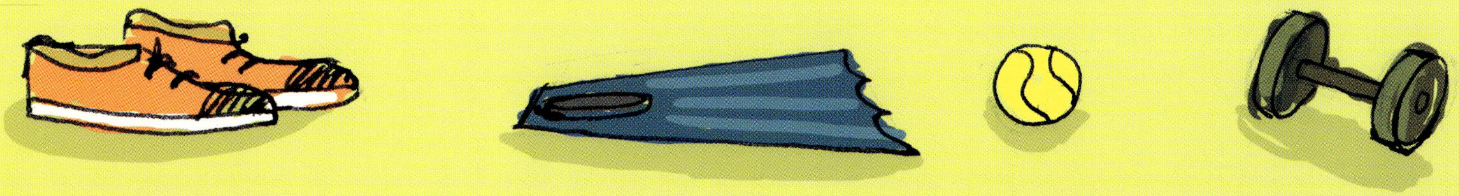

Cherche et trouve !

C'est moi, l'Élan vert ! Je suis caché dans les images ; cherche-moi et découvrons ensemble des métiers autour du sport.

Les mots suivis d'un astérisque* sont expliqués dans le dico.

Quand je serai grand

JE SERAI CHAMPION

Les métiers du sport

Écrit par Jean-René Gombert
et illustré par Élodie Balandras

l'élan vert

Je ferai du foot

9

Les métiers autour du foot

J'ai commencé le foot
à l'âge de 5 ans.
Je suis maintenant
footballeur professionnel*.
Le foot à ce niveau demande
beaucoup d'endurance
et un moral d'acier.

Je suis médecin de l'équipe de foot.
Ancienne athlète de haut niveau*,
je me suis ensuite spécialisée
dans la médecine sportive.
Le sportif blessé doit recevoir
un traitement qui le remettra
sur pied rapidement.

Je suis arbitre de foot.
Pendant le match, je cours
autant que les joueurs.
L'arbitrage n'est pas
un métier : je ne touche
pas de salaire, mais une
indemnité à chaque
rencontre.

Je suis entraîneur
de l'équipe de foot.
Ex-footballeur,
je connais toutes
les ficelles du jeu.
Je sais motiver
mes joueurs
et les encourager
pour les amener
au meilleur niveau.

Je suis reporter photographe
dans un journal sportif.
Le foot est ma passion.
Je rencontre des célébrités et
voyage aux quatre coins du monde
pour réaliser mes reportages.

Je suis chroniqueur* sportif à la radio. Je fais vivre le match en direct. En bon journaliste, je me tiens au courant de tout ce qui tourne autour du foot.

Je suis journaliste reporter d'images. Je réalise le reportage du match pour la télé. Journaliste mais aussi technicien, je recueille les images et le son, fais les interviews et les commentaires, et monte le reportage.

Crampes, déchirures, hématomes, tel est mon quotidien. Je suis le kinésithérapeute du club. J'ai massé les joueurs avant le match. Pendant et après la compétition, je soigne les petites blessures.

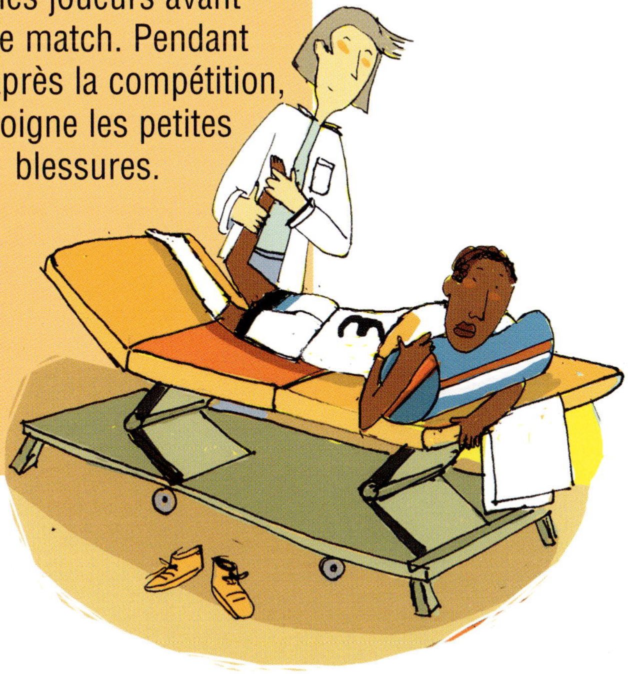

Je connais le milieu du foot depuis longtemps. Ancien footballeur, je suis devenu le directeur du club. Je suis responsable des joueurs, du personnel, du matériel et de l'administration.

Je suis responsable du marketing* sportif. J'organise un partenariat entre une marque de sport et le club de foot. Mon objectif est de faire bénéficier la marque de la popularité du club.

Je serai champion olympique

ALLEZ ARNO
ELAN VERT
RT
AL
HOP
ERTICAL

Les sportifs de haut niveau

Je suis perchiste*. J'ai remporté une médaille de bronze au Mondial junior. J'espère décrocher une médaille d'or dans un grand championnat. Je vais travailler dur pour y arriver.

Je suis dans une filière préparant au canoë-kaya de haut niveau. Je poursuis ma scolarité dans un établissement proche de notre lieu d'entraînement.

Je suis judoka. Cette passion est aussi mon métier : j'enseigne le judo à de futurs champions. Je peux ainsi m'entraîner régulièrement pour avoir une chance de remporter des médailles.

Je suis gymnaste de haut niveau, mais j'ai une double vie. Je suis aussi étudiant. Mes horaires à l'université sont aménagés pour l'entraînement et les compétitions.

Je suis 32e mondiale de tennis. Ma carrière sportive exige un entraînement quotidien et une détermination sans faille. Elle me procure d'immenses joies et me permet de gagner ma vie.

Je suis joueur professionnel*
de basket. Je suis sous contrat
avec un grand club. J'espère
être sélectionné en équipe
nationale pour gagner
un jour la coupe
du monde.

Je suis champion de natation. La vie de sportif
de haut niveau est rythmée par les entraînements
et les compétitions. Des aides de l'État sont donc
nécessaires pour suivre une préparation olympique.

Je reviens
des championnats
du monde d'escrime.
J'ai commencé l'escrime
à l'âge de 9 ans. De longues
années d'entraînement,
d'efforts et de sacrifices
m'ont permis d'atteindre
un niveau d'excellence.

Je suis championne de saut d'obstacles.
L'entraînement et les concours demandent
beaucoup de courage quand on est aussi
instructrice dans un centre équestre.

Je suis un jeune
coureur cycliste.
Je roule pour
un club amateur, mais
je cours souvent avec
des professionnels.

Je serai moniteur de sport

Les éducateurs sportifs

Monitrice de plongée, j'enseigne les techniques de base et les consignes de sécurité. L'été, j'emmène des amateurs* explorer les fonds marins.

J'ai commencé la voile à l'âge de 8 ans. Aujourd'hui monitrice, je prends en charge les enfants qui s'initient à la voile légère : planche à voile, dériveur, catamaran…

Je suis un professeur en kimono. Je transmets ma passion du judo aux enfants et les prépare à cette discipline sportive.

J'enseigne le tennis à des enfants ayant tous les niveaux. J'organise des cours de mini-tennis pour les plus jeunes et prépare les joueurs performants aux tournois.

Je suis maître nageur sauveteur. J'enseigne le crawl aux grands, garde un œil sur les petits et anime les séances d'aquagym*.

Je suis moniteur
de canoë-kayak.
Les séances d'initiation
en eau* calme préparent
les enfants à descendre
les torrents.

J'encadre les activités sur le mur d'escalade
au centre de loisirs. J'explique comment
utiliser les reliefs et descendre en rappel.
J'accompagne aussi les jeunes sur
des rochers et des falaises.

Je suis
monitrice
d'équitation
au poney-club.
Je mets en selle
les apprentis
cavaliers dans
le manège*.

La danse est mon métier.
J'ai choisi d'être
professeur pour
transmettre aux enfants
le goût de la danse
et les initier à
la chorégraphie*.

Sportive accomplie,
je suis devenue animatrice
dans un centre de loisirs.
J'organise des randonnées
en VTT, des rencontres de
foot… et des parties
de baby-foot.

Je ferai un métier sportif

CIRCUS
TOUT POUR LE Ski
spécial

Les métiers autour du sport

Je suis « prof de gym » dans un collège. Je partage mon temps entre le gymnase, le stade et la piscine. Le mercredi, je retrouve mes élèves au club de basket.

Je suis un as des tonneaux en voiture, un acteur-acrobate qui a le goût du risque. Je travaille pour le cinéma comme cascadeur. Je maîtrise aussi le judo, l'escrime, l'équitation…

Je suis passionné de sports de montagne : le snowboard* l'hiver, l'escalade l'été. Pour rester dans ce milieu, je suis devenu vendeur d'articles de sport. Je conseille les amateurs sur les derniers équipements.

Je suis conseillère sportive dans un club de remise en forme. J'encadre les activités proposées aux adhérents pour se muscler ou s'initier au fitness*, à l'aérobic*…

Je suis accompagnatrice en moyenne montagne. J'organise des sorties en raquettes*. L'été, je fais découvrir aux randonneurs les sentiers, les fleurs, les animaux… et les montagnards.

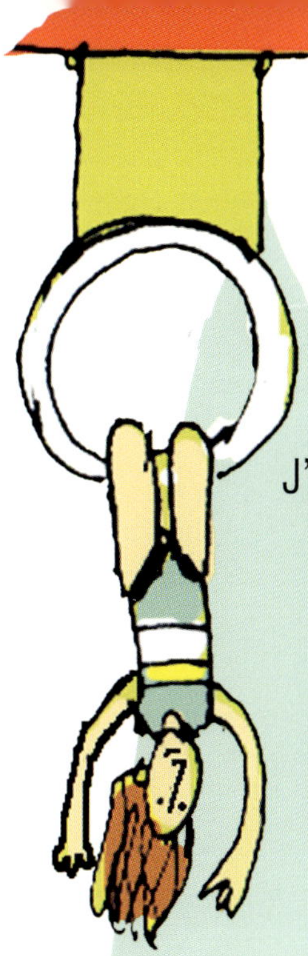

J'évolue dans les airs
sous le chapiteau
d'un cirque.
Je suis trapéziste.
Souplesse, force
et concentration
sont les exigences
de mon métier.

Je fais du ski
depuis l'âge de 4 ans.
Je suis devenu pisteur secouriste.
Je prépare, entretiens, sécurise
les pistes et porte secours
aux amateurs de glisse accidentés.

Je suis cordiste,
un alpiniste harnaché
de cordes. Je grimpe le long
d'une tour pour nettoyer
sa façade de verre. Je vais
participer à la construction
d'un viaduc, perché à 200 m
au-dessus du sol.

Je suis « motard »,
un gendarme qui sillonne
les routes à moto pour surveiller
le trafic. J'interviens aussi
dans les écoles pour initier
les enfants à la sécurité
routière.

Je suis pompier.
Récupérer un chat perché
dans un arbre ne demande
pas d'être sportif.
Mais pour évacuer
des personnes en danger,
il faut faire preuve
d'excellentes capacités
physiques.

Le dico des métiers

Aérobic : une gymnastique qui se pratique en musique et qui fait travailler la respiration.

Amateur : la majorité des sportifs de haut niveau sont amateurs. Ils poursuivent des études ou exercent un métier en parallèle. Certains touchent une bourse de l'État, perçoivent l'aide d'un club ou d'une entreprise de matériel sportif.

Aquagym : gymnastique dans l'eau.

Chorégraphie : les pas et les figures d'une danse ou d'un ballet.

Chroniqueur : un journaliste qui tient une rubrique spécialisée dans un journal, à la radio ou à la télé.

Eau calme : l'eau d'un lac, d'un étang ou d'une rivière peu rapide.

Fitness : ensemble d'activités de mise en forme.

Haut niveau : les athlètes de haut niveau atteignent un niveau d'excellence. Ils sont soit amateurs*, soit professionnels*.

Manège : le lieu où l'on apprend à monter à cheval.

Marketing : les études de marché, la publicité, la promotion pour une marque ou un produit.

Perchiste : un athlète spécialisé du saut à la perche.

Professionnel : quelques sports emploient des athlètes professionnels comme le football, le rugby, le basket, le cyclisme. Les champions sont salariés d'un club. Les joueurs de tennis et les boxeurs sont des travailleurs indépendants payés pour chaque rencontre.

Raquette : les raquettes à neige sont de larges semelles fixées aux chaussures pour marcher dans la neige sans s'enfoncer.

Snowboard : le surf sur neige, une planche à neige.

Dépôt légal mai 2008, Bibliothèque nationale
978-2-84455-115-3
Imprimé en Italie par Papergraf (Padova)
Loi n° 49-956 du 16 juillet 1949
sur les publications destinées à la jeunesse.